いじめのある世界に生きる君たちへ

――いじめられっ子だった精神科医の贈る言葉

中井久夫

中央公論新社

いじめのある世界に生きる君たちへ　目次

いわさきちひろ
『海辺の小鳥』1972年

カバー画、挿画◎いわさきちひろ

いじめは犯罪でないという幻想

ある少女が長い間わたくしのところに通っていて、一年近くになった時、いじめられていることをやっと話してくれました。

「そうだねぇ、学校には交番もないし裁判所もないし、言っていくところないよねぇ。それが一番つらいことだったかもねぇ」とわたくしはその時、真っ先に浮かんだことを言葉にしました。

それはわたくし自身の経験でもありました。校庭の中には交番もなくおまわりさんもいない。先生はおられるけど、なぜか訴え出る相手ではないという気持ちがありました。

　このごろ勉強したことでは、いじめは日本だけのものではないそうです。

　イギリスのエリート学校でのいじめも激しいようです。数学者であり哲学者であるバートランド・ラッセルというひとの自伝には、学生時代、毎日いじめられ、夕陽に向かって歩いていって自殺を考え、「もう少し数学を知ってから死のう」と思い返す場面があります。

　いじめはこんな風にとてもつらいものですが、いじめはその時その場だけでなく生涯にわたり、そのひとに影響をあたえます。たとえば仲間はずれにされるいじめで心が傷つき、それからは友だちをつくること自体が怖くてできなくなってしまった。そんなひともいます。

ところで殺人は犯罪ですね。ただし、軍人が戦場で行った時には犯罪でなくなります。いじめのかなりの部分は、学校の外で行われれば立派な犯罪です。では学校の中で行われればどうでしょうか？「罪に問われない、学校は法の外にある」という考え方は、多くのひとがもっているかもしれませんが、ただの錯覚です。

いじめかどうかの見分け方

「ふざけているだけだよ。いじめなんかしてないよ」そんな言い訳もあります。たしかに冗談やふざけが全部いじめではありません。だから、「いじめ」と「いじめでないもの」との間に線を引いておく必要がありますね。いじめかどうかを見分けるもっとも簡単な基準は、「立場の入れ替え」があるかどうかです。鬼ごっこを例に考えてみましょう。誰が鬼になるかをジャンケンで決めるのが普通の鬼ごっこです。鬼がいつでも○○君、あるいは○○さんと決まっていて「立場の入れ替え」がなければ、遊びではなくいじめです。

荷物の持ち合いも、使い走りでも、「立場の入れ替え」があればいいですが、なければ間違いなく、いじめです。

いじめ型の鬼ごっこは遊びとしては面白くありません。その代わりに別のものがうまれてきます。それは、いじめる側の「自分は他人を支配している」という権力者としての感情や、まわりの人々の「自分じゃなくてよかった」という安心感です。人々は権力者の側につくことのよさを学ぶわけです。

子ども社会はあんがい権力社会という面があります。

子どもは家でも社会でも権力をもてないだけに、権力に飢えています。家のなかで権利を制限され、権力的に支配されている子どもほど、その飢えは増大します。

いじめっ子についての研究は少ないのですが、家の中で暴力をふるわれている子どもがいじめっ子になる例はよく知られています。発言したくても発言権がなく、無力感にさいなまれている場合もそうです。父母や嫁姑のいがみ合いにひとこと言いたくて、しかし言えずに身悶えする子どもがどんなに多いことでしょう。

もちろん、そういう子どもがみんないじめっ子になるわけではありません。むしろいじめられるほうが多く、その結果、神経症になるほうが多いでしょう。最近、入院患者を問診したところ、うんざりするほどいじめられ体験がでてきました。二十年も前になりますが、わたくしが精神科医の仲間にそれとなく聞いてまわったところ、わたくしを含めて——わたくしは堂々たるいじめられっ子でした——圧倒的に元いじめられっ子でした。一人の精神科医がいじめる側だったといい、何人もの登校拒否児をつくった罪のつぐないに子どもを診ていると語りました。

この世に、いじめ方を教える塾があるわけではありません。しかし、いじめの手口を観察すると、家でのいじめ、たとえば夫婦、嫁姑、年上のきょうだいなどのいじめ・いじめあいから学んだものがじつに多いのです。方法だけでなく、脅す表情や殺し文句もです。一部の先生の態度から学んでいることも事実です。こう考えると、一部の家庭と学校は、懇切丁寧にいじめを教える学校といえそうです。

それだけではありません。子どもには許されていない多くのことが大人には許されていることを、子どもは毎日の生活の中で感じ、それはおかしいと思っています。たとえば家や学校で大人はいじめのようなことをしても許されるのに、子どもがやったらすごく怒られる、といったことなどです。こうした状況で子どもたちは「いじめがバレるとまずい」と思いますが、それは損得の問題であって、いじめが人間として許されるかどうかの問題ではありません。生徒の喫煙を取り締まる先生たちが自分たちではけっこうタバコを吸っているのと、どこか似ています。

3

権力欲

人間には「他人を支配したい」という権力欲があります。

他にもいろいろな欲があります。眠りたいという睡眠欲は一人で満足させられ、他に迷惑はかけません。食べたいという食欲も同じようなものですが、他人の食べものを奪ったり、他のいのちを犠牲にするので、睡眠欲ほど無邪気とはいえません。成長につれ異性への情欲もでてきますが、これは基本的には二人のあいだのことで、思い通りにならず悩むことも多いことでしょう。

しかし、権力欲はこれらとは比較にならないほど多くの人たちをまきこみます。その快楽は、思い通りにならないはずのものを思い通りにすることです。その範囲（はんい）はどんどん広がり、もっと大きな権力、さらにもっと大きな権力へという具合にきりがありません。きりがないということは、「これでよい」と満足できる地点がないということです。権力欲には他の欲望と違って、真の満足、真の快さがありません。

睡眠欲も食欲も情欲も、満足する地点があり、満足すれば止みます。ただし例外があります。睡眠欲はともかく、食欲や情欲が際限なく追求される場合です。その多くは、欲望が権力の手段となりさがった時におきます。たとえば、情欲が相手を支配する手段となる場合です。その時、情欲自体の純粋な快楽は失われ、相手の気持ちにかまわず相手に自分の欲望を受け入れさせることが目的になります。

むろん、権力欲を消滅させることはできそうもありません。ただし、権力欲をコントロールして、より幸せな社会をつくる道がありそうです。人類はまだその道筋を発見したとは言えませんが、考える値打ちのあることだと思います。

権力欲のコントロールは遊びと似ています。小さい子どもはむりやりでも勝てばよろこびますね。でも小学生になるとそれでは満足できず、ルールに従うことに真の満足を感じるようになると、わたくしの尊敬するアメリカの精神科医ハリー・スタック・サリヴァンは指摘（してき）しています。多くのひとは4年生の時にそうなると述べています。とすれば、「ドラえもん」の主人公たちは5年生ですから少し遅（おく）れていますね。ドラえもんは小道具をつかって、一生懸命（いっしょうけんめい）ルールに従うことの楽しみを教え、むき出しの権力欲は損であることを教えているのだと思います。

　ルールに従って遊ぶ快さといえば、コンピューターゲームもそうでしょう。ただ、相手は精密な機械ですが。少し横道にそれますが、もし相手が人間なら、相手が思いもしないような行動にでたり失敗したり、笑いあったり気持ちが弾(はず)んだりします。そこには、ぐらぐらする仮の橋の上でたえず揺れながらもバランスをくずさないような、生き生きとした人間関係があります。相手が精密機械ではそういうふうにはなりません。

いわさきちひろ
『みどりの山』1972年

孤立化

いじめは、他人を支配し、言いなりにすることです。そこには他人を支配していくための独特のしくみがありそうです。そのしくみを観察してみると、なかなか精巧(せいこう)にできているのです。うまく立ち回ったり、力を見せつけたり……いじめをめぐる子どもたちの動きは、大人もびっくりするぐらい政治的です。だからわたくしは、この文章のもとになった論文に「いじめの政治学」というタイトルをつけています。

いじめがあるのに気がつかない、そんなことがよくあります。いじめはある順番で進行していくのですが、この順番が実に巧妙で、だから気づかれにくいのです。ここで書いてしまうと心ない政治家が悪用するのでは？　とちょっと心配なほどです。

わたくしはいじめが進んでいく段階を「孤立化」「無力化」「透明化」の三つの段階に分けてみました。ちがう分け方もあると思いますが、とりあえず、わたくしの分け方で説明します。これは恐ろしいことに、人間を奴隷にしてしまうプロセスです。

孤立化

孤立していないひとは、時たまいじめられるかもしれませんが、ずっといじめられることはありません。立ち直るチャンスもあります。逆に立ち直るチャンスを与えず、ずっといじめるためには、そのひとを孤立させる必要があります。そう、いじめの最初の作戦は「孤立化作戦」です。

その作戦の一つは、いじめのターゲットを決めることです。誰かがマークされたことがまわりに知らされます。ターゲットにならなかったみんなはほっとしますね。そしてターゲットにされた人から距離を置きます。それでも距離を置かない人には、そんなことをすると損するぞ、まかり間違えば身の破滅だぞということをちらつかせます。

その次に、「いじめられるのは、いじめられるだけの理由がある」というPR作戦にでます。加害者は、ターゲットのささいな身体の特徴や癖からはじまって、根拠のない「けがれ」、顔の善し悪し、どうでもいいような行動などを問題にします。これはまわりの人たちの差別の気持ちをくすぐります。「自分より下」の人間がいるということは、リーダーになりたくてなれずにイライラしている人間にとって気休めになりますからね。

ＰＲ作戦はまわりの大人にも向けられます。うかうかしていると先生もまきこまれてしまいます。いや、うかうかしていなくてもです。先生の「そういえば、◯◯にはそんなところがあるよなぁ」という何気ないひとこと、いや、かすかなうなずき、黙って聞きすごすことさえも、加害者には千万の味方を得た思いを、傍観者には傍観の許しを与えます。

それだけではありません。ＰＲ作戦によって被害者も「自分はいじめられてもしかたない」という気持ちにだんだんさせられるのです。被害者は、なぜ他人ではなく、他ならないこの自分がいじめられるのか、自分なりに説明をつけようと必死に考えるものです。PR作戦がそんな被害者に届くとどうなるでしょう。「自分は○○だからいじめられても仕方ない」「自分はみにくい、魅力のない、誰からも好かれない、生きる値打ちのない、ひとりぼっちの存在だ」と、だんだん思い込むようになってしまいます。そんな思い込みに陥ると、そのひとの外見もそんなふうになっていきます。そのことがさらに加害者と傍観者を勇気づけます。先生でさえ、家庭への連絡帳にあなたのお子さんの欠点は◯◯ですと、ＰＲ作戦どおりのことを書くかもしれません。そうなれば子どもは家庭でも孤立しやすくなります。

被害者ははじめ、自分の言動を直したり弁明したりして、この状態から抜(ぬ)け出そうとするでしょう。それは時に成功しますが、時にはよりひどい事態に追い込まれます。日本語をたくみにあやつる外国人が日本語を話すと、かえってまわりの日本人はその日本語のささいな欠点に敏感(びんかん)になるということがありますが、それに似ています。方言のある転校生が言葉を直そうとすると、まわりはかえって言葉づかいの細かなところに敏感になるものです。そこには知らないうちに差別を求める人間の意識が働いているのでしょう。

こうして被害者は、たえず気を配るようになります。まわりに、そして自分のしぐさや言葉づかい、ふるまいに。そうなると、被害者は「警戒的超覚醒状態」といわれる状態になります。緊張しっぱなしになり、自律神経系、内分泌系、免疫系（36ページに用語解説）という身体の大事なしくみがおかしくなるのです。ぴりぴり、おどおど、きょろきょろし、顔色が青ざめ、脂汗が出たりしますが、それは人間として当然の反応です。しかしこういう状態になれば、まわりの人たちは遠ざかっていくでしょう。被害者はまわりに対し、ゆとりをもって反応できなくなります。

それでも被害者は気をゆるめることができません。加害者はとても有利なポジションにいて、攻撃点を自由に選べます。攻撃の焦点も場所も時間も自由に選べ、いちばん有利な形で攻撃できます。ＰＲしたい時には大勢の前でやり、相手を屈服させるためには相手が一人でいる時を選ぶでしょう。被害者がいつ、どこにいても孤立無援(こりつむえん)であることを実感させる作戦が、「孤立化作戦」です。

孤立化

【用語解説】

自律神経系……全身にはりめぐらされた神経系のうち、意識と直結せずはたらくもの。胃液の分泌（ぶんぴつ）や心臓の鼓動（こどう）などをコントロールし、体内の環境を一定に保つ。これに対し、手足を動かしたり痛みを感じたりするなど、意識と直結してはたらく神経系を体性神経系と呼ぶ。

内分泌系……ホルモンを生成し、血液中などに分泌（排出）する系統。ホルモンは微量（びりょう）の化学物質で、心身のさまざまな活動の調整をおこなっている。

免疫系……体外から侵入（しんにゅう）した病原体や体内でできたガン細胞（さいぼう）などから体を守るためのシステム。そうした異物を認識し、攻撃することにより生体を病気から守っている。

いわさきちひろ
『萩・うす紫のワイングラス』（部分）1970年

5

無力化

孤立化の段階では、被害者はまだ精神的には屈服していません。ひそかに反撃を狙っているかもしれません。加害者はまだ枕を高くしていられないのです。次に加害者が行うのは相手を無力化することです。

もちろん孤立化にも無力化が含まれています。孤立じたいが、大幅に力を失うことです。しかし「無力化作戦」はそれだけではすみません。この作戦は要するに、被害者に「反撃は一切無効だ」と教え、被害者を観念させることです。そのため反撃にでれば過剰な暴力で罰し、誰も味方にならないことを繰り返し味わわせます。反抗のわずかな気配にも過大な罰が与えられます。「お前、心の中で反抗したいと思っただろう、そのはずだ」と言いがかりをつけ、罰を与えるのも効果があります。加害者は当てずっぽうに言っているだけですが、当たって当然です。抵抗して現状から抜け出そうという気持ちはどんな人間にもあるからです。でも被害者はぎくりとするでしょう。加害者は「おれは何でもお見通しだ」と誇示し、被害者は「こいつは他人の心を見透かす能力がある」と誤って信じ込みます。加害者の心の内を読みたくて仕方ないのに読めない自分を情けない、劣った人間だと思い込みもします。ついには指摘されれば、反抗したいとその時思っていなくても、思ったような気がして、やましい気持ちになります。このように被害者は飼いならされていくのです。

いじめを大人に訴えることは、特にきつく罰せられます。それは加害者がわが身を守るためではありません。加害者はすでに「孤立化作戦」のなかで、大人はこのいじめに手出しししないと踏んでいるからです。そうでなくて「大人に話すことは卑怯だ」「醜いことだ」というじめる側の価値観で被害者を教育しようというのです。

被害者はだんだんこの価値観を自分の中に採り入れ、自分でも大人に訴えるのを醜いと思うようになります。それに、「孤立化作戦」の段階で、いじめには大人も介入できないと、大人への期待をほとんど失っていることでしょう。これには事実の裏づけもあります。残念ながら大人がいじめに対して有効な介入をしないことがあまりに多いのです。被害者は、いじめがひどくなっていく全ての段階で「これを見て何とか気づいてくれ」というサインをまわりに、特に先生や両親に出し続けます。しかし、このサインが受け取られる確率は、太平洋の真ん中の漂流者の信号がキャッチされるよりも高いと思えません。

じつはこの孤立化の時期は、加害者としても、のるかそるかの山場です。ここで「飼いならし」に失敗すれば、加害者は自分の威力を失い、ひょっとするといじめられっ子に転落する可能性さえあります。

したがって、もっともひどい暴力がふるわれるのは無力化の段階かもしれません。孤立化の段階、特にその初期に暴力をふるえば、クラスなどの世論を敵に回し、加害者のほうが孤立しかねません。加害者は勝手気ままにふるまっているようですが、じつは最初から最後まで世論を気にしています。それも先生などの大人の世界と子どもの世界の両方の世論をです。しかし、孤立化作戦が成功した今は、前ほど気にする必要はありません。いじめを内心いやだと思っている人たち、場合によっては立ち上がって止めてもいいと思っている人たちが、この子にはそうするだけの価値がないと目をつぶりパスするようになっていれば、しめたものなのです。

ここで暴力をしっかりふるっておけば、あとは「暴力をふるうぞ」と脅すだけで十分です。暴力はいつでもふるえるとなれば、それほど頻繁にふるうものではありません。暴力でかろうじて維持されている権力は危ういもので、権力欲の観点からみて快いものではありません。相手が進んで自発的に隷従してくれるのが理想でしょう。

もっとも、この理想に近づくほど権力者は被害妄想的になります。旧ソ連のスターリンのような独裁者はそのいい例です。彼らとて、人間というのはそこまで奴隷のようにはなり得ないと思うので、被害妄想的になるのです。

そもそも人間が自由意志で自分の自由を完全に放棄（ほうき）することはありえません。かつてドイツ生まれの思想家エーリヒ・フロムは、「自由には責任がともなうが、人間にはその重荷にたえられず、自由を放棄し他人に従属する傾向がある」ということを述べました。しかしそれは従属の入口までの話で、そこをすぎれば「しまった、こんなはずではなかった」と後悔（こうかい）しますが、たいていは手遅れです。一部は加害者の手下になるでしょうが、「こんなはずではなかった」と思い続けるはずです。

透明化

このあたりから、いじめはだんだん透明化して、まわりの眼に見えなくなってゆきます。

「見えなくなる」というのは、街を歩いているわたくしたちに繁華街のホームレスが「見えない」ようにです。あるいはかつて善良なドイツ人たちに強制収容所が「見えなかった」ようにです。人間には「選択的非注意」といって、自分が見たくないものを見ないでおくようにする心のメカニズムがあります。そのせいで、いじめがそこで行われていても、なにか自然の一部か風景の一部にしか見えなくなる、あるいは全く見えなくなることがあるのです。

　責任ある大人たちもさまざまな言い訳を用意しています。「子どもの世界に大人がうっかり口をはさんではいけない」からはじまって「自分もいじめられて大きくなった」「子どものためになるだろう」「あいつに覇気がないからだ」などなどです。たしかに当たっている一面はあるかもしれません。でもいくら当たっている面があっても、言い訳は言い訳。言い訳に過ぎません。

　しかし、まわりの人たちに見えないのは、その人たちが「見ない」せいだけではありません。実際に、この時期に行われる「透明化作戦」によって、ざっと見ただけではいじめがたいへん見えにくくなっているのです。そのことを少し字数をかけて説明します。

この段階では、被害者は孤立無援で、反撃も脱出もできない無力な自分がほとほと嫌になり、少しずつ自分の誇りを自分でほりくずしていきます。

さらに被害者の世界は、そうとう狭くなっています。加害者との人間関係がリアルなたった一つの関係となり、まわりの大人や級友たちはとても遠い存在になります。遠く、じつに遠く、別世界の住人のようです。

空間的にも、加害者がいないとその空間が現実のものではないように感じてしまいます。たとえば家族が海外旅行に連れ出したとしても、被害者にとっては、加害者は〝その場にいる〟のです。空間は、加害者の存在感でみちています。

時間的にも、加害者との関係は永久に続くように感じます。あと二年で卒業すると頭でわかっていても、その二年後は「永遠のまだその向こう」に思えます。この点で、子どもは大人とちがう時間感覚をもっていることを言っておきたいと思います。アメリカの精神療法家ミルトン・エリクソンが、弟子が子どもの患者との面接を二週間延期したことを叱って「子どもにとって二週間は永遠に等しい」と断言したことを思い出します。

そのうえ、いじめられている時間は苦痛な時間が常にそうであるように、いっそう長くいつまでも終わらないように感じます。被害者にとって時間を思うことさえ地獄の苦しみです。

被害者はだんだん、「その日ひどくいじめられなければいいや」と思うようになります。いじめのない日はまるで神の恵みのようです。やがて被害者はこの恵みを、加害者からのありがたい贈り物だと感じるようになります。すでに加害者との関係がほとんど唯一の関係です。加害者のささいな表情やしぐさにとても敏感になり、加害者のわずかな表情の変化に自分の全感情が反応してしまいます。

加害者のきげん一つで運命が決まるような毎日。そのなかで被害者は感情の面でも加害者に隷属していくのです。そんな状況を強調するために、加害者は自分の気まぐれぶりをオーバーに演じてみせ、被害者が今日のいじめの程度を予測できないようにします。ものごとを予測するということは、圧倒的な力をもつ敵を前にした時の最後の主体的な行為です。これができなくなることは、被害者の知性をかき乱します。被害者が知的な少年少女であれば、特に自分への信頼を失うことでしょう。

こうなると、加害者はたとえば今日だけは勘弁してやるという「恩恵」で、「透明化作戦」に被害者自身を協力させることだってできます。そんな時、被害者は大人の前で加害者と仲良しであることをアピールしたり、楽しそうに遊んでみせたりします。加害者といっしょに別のいじめに加わることもあります。その時、加害者は被害者がいじめる側に加わっていることをまわりの人にわざと見せます。このことで、被害者は「自分は被害者だ」という自分の最後の拠り所さえ奪われます。

よくみると、仲良しをアピールしている時の被害者の眼は笑っていません。楽しそうな遊びにも、遊びにつきもののダイナミックな心の揺らぎがありません。

加害者の列に混じっていても、その子だけ体がこわばっています。しかし、そういうことはよほど目ざとい大人の眼にしかとまりません。「透明化作戦」は、このようにいじめを見えにくいものにします。

この段階にまでくると子どもは、大人から「誰かにいじめられていない？」と聞かれると激しく否定し、しばしば怒りだします。家族から聞かれて怒りのあまり暴力をふるうことさえあります。それは「何を今さら」「もう遅い」という感覚ですが、それだけではありません。

自分のことは自分で始末をつけるということは、人間としての最後のイニシアティブの感覚です。ここで大人に「もう自分はだめだ」と自分を委ねてしまうことは、大人の介入によって自分に最後に残った感覚をあてどなく明け渡してしまうことです。激しい否定と怒りは、その時に感じるだろう喪失感を先取りするためでもあるのです。

明け渡しても得るものは期待できそうにない。それなのに自分の中に残っている最後のパワーをむざむざ明け渡してしまう。この喪失感は、そうした目に遭ったことのない幸福な大人には理解しがたいものかもしれませんが、ぜひ理解しなければならないものです。「透明化作戦」のなかで行われるものに「搾取（さくしゅ）」があります。特に多額の金銭の搾取です。これは加害者に実利をもたらしますが、被害者はたまったものではありません。被害者はお金をつくるため、すべての楽しみを捨て、まずお小遣（こづか）いを、次に貯金を差し出します。

その次は、家から盗み出すか万引きするしかありません。でもそれは家族や社会にたいして罪を犯すことです。子どもにとって非常な自尊心の喪失であり、家族への裏切りであり取り返しのつかない「罪」であって、家族や社会との最後のきずなを自分の手で断ち切ってしまうことです。すでに起きてきた「孤立化」や「無力化」は、ここで本当の意味で完成します。自らの資産と権利を失った、奴隷にして罪人だと、被害者は自分のことを感じます。

しかし、何より被害者を打ちのめすのは、自分が命がけで調達した金品を、加害者がまるでどうでもいいもののようにあっという間に浪費（ろうひ）したり、ひどい場合、燃やしたり捨てたりすることです。被害者が一生懸命やったことも、加害者にとってはゼロみたいなものだと見せつける行為です。加害者は巨大で自分は本当にちっぽけな存在だと、被害者が身に染みてしたたか味わう瞬間です。ふつうなら「そんなのできっこないよ」と笑い飛ばすような無理難題も何とかやろうとしている自分に気づき、ほとほと自分のことが嫌になるのです。

大人だったら、殴られたり蹴られたり、お金を巻き上げられたりしたら、警察に訴え犯人をつかまえてもらうのが当たり前です。ところが子どもはなかなかそうできません。子どもについての法律は、子どもが罪を犯したらその罪を自覚させて更生させるという建前でつくられ、大人のように刑罰を受けることはありません。しかし罪の自覚も更生もなく、いじめが放っておかれるのなら、子どもの世界は大人の世界に比べてもはるかにむき出しの「出口なし」の暴力社会になります。

あの戦時中さえ、食糧難は知らないという人や家族親族に出征者がいないという人もいました。そのように、子ども社会の暴力的な面を知らずに成人した大人も多いかもしれません。しかし、その中に陥ってしまった者の「出口なし」感は、ほとんどナチスの強制収容所なみです。それも場合によっては出所できるような収容所でなく、絶対に出ることのできない絶滅収容所だと感じられます。その壁は透明ですが、しかし、眼に見える鉄条網よりも強固です。

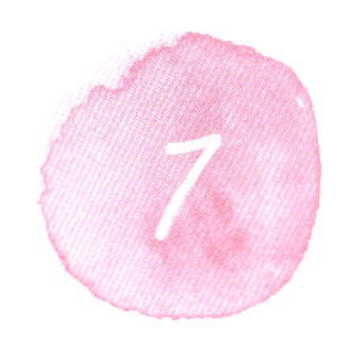

無理難題

外でいじめられている子は、時に家で暴君となります。しかし、最後の誇りとして家族の前では「いい子」であり続けようとする場合も多くあります。その最後の誇りが失われそうになった時に行われるのが自殺です。〝自殺して解放された自分〟という幻想は「無力化段階」から育まれていますが、その幻想は自殺を一時延期する効果もあります。それは自殺することで加害者を告発するという幻想で、家族が初めてわかってくれ、級友や先生が「しまった」と思い「申し訳ない」と言ってくれる幻想もあります。そういう幻想が、極度に狭まった世界のただ一つの「外」への通路だということがあります。

この状態がさらに進めば、強制収容所では自尊心も自己決定性も何もない、生ける屍となり果てると言います。もはや殴られても痛みも感じず、拷問されてもまるで他人の体に加えられているようなものになります。

こう言うと、いじめでは直接命を奪うようなことはないし、子どもには家庭という帰る場所があると言われるかもしれません。しかし、いじめは直接間接の暴力だけがつらいのではありません。特に「透明化段階」でつらいのは「無理難題」です。社会的立場を賭けて何とかやりとげた難題も、加害者にとっては紙切れのように軽いものだったということは、自らの無価値さの完成形です。多くの子どもが、とうてい果たせない「無理難題」を課せられたことをきっかけに自殺の実行に踏み切っていることを強調したいと思います。「無理難題」には、家から多額のお金を盗まなければ果たせないようなものがあります。あるいは、小さい時から可愛がってもらってとても仲のいいおばあちゃんとひとことも口をきくなという「命令」もあります。

そうした「無理難題」はいずれも、かりにやり遂げたとしても、被害者にとっては、家庭での自分の「市民権」を決定的に失うものです。

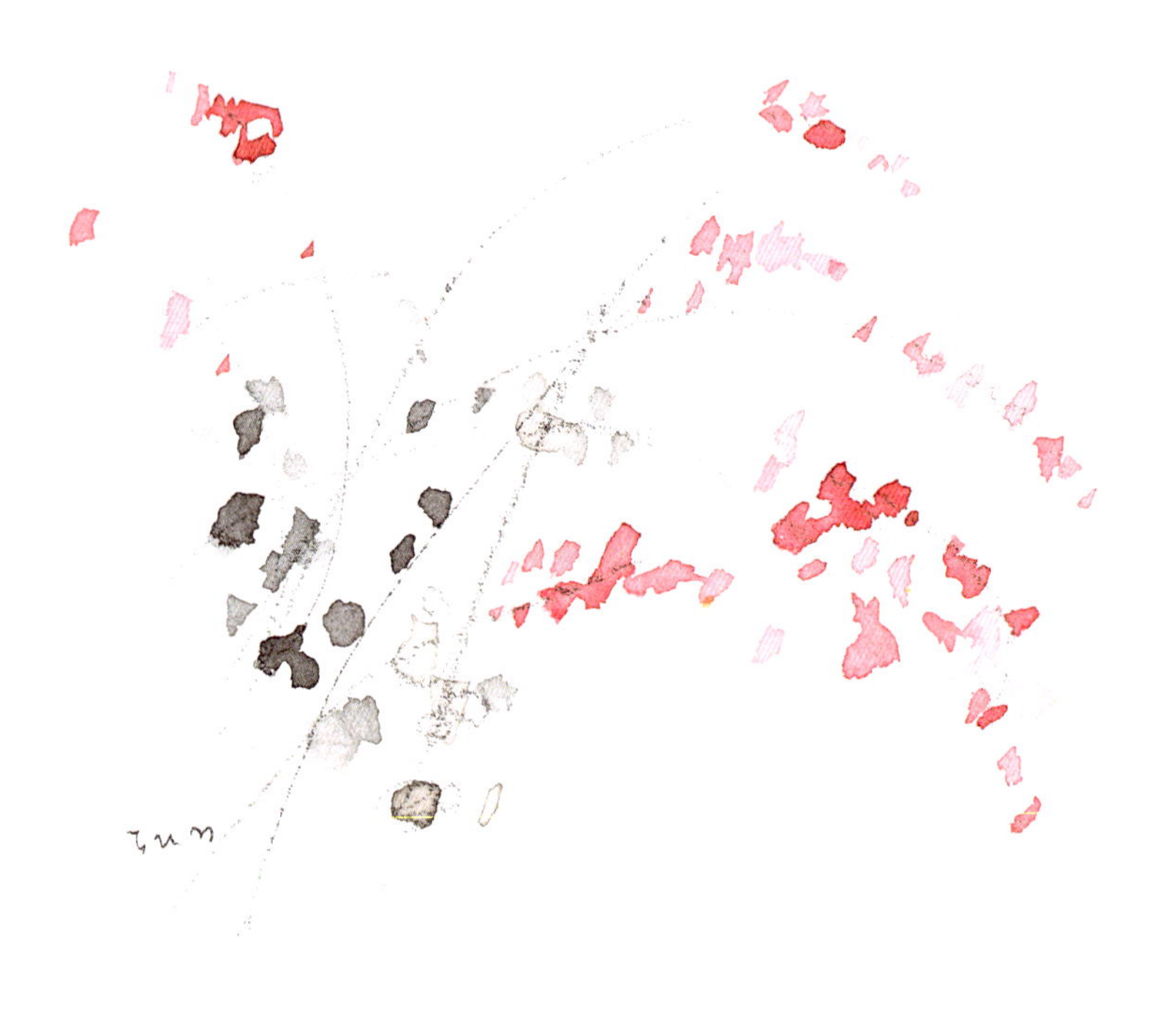

いわさきちひろ
『萩・うす紫のワイングラス』（部分）1970年

安全の確保

わたくしは以上で「いじめの政治学」を終えたいと思います。

わたくしは小学生の時、ひどいいじめに遭っていました。たまたま、阪神・淡路大震災の後、心に傷をおった後でおきるさまざまな症状を勉強するなかで、いじめ体験がふつふつとよみがえったのでした。その体験は当時62歳だったわたくしの中でほとんど風化していませんでした。

それは戦時中のことです。いじめっ子は忠実な弟も従えていました。一部の先生はいじめに協力するかのように「おまえのような文弱の徒（当時は、読書や芸術が好きで体が強くないひとはそういって非難されました）はお国のためにならないから叩き直してやる」とわたくしに言ったものです。父は戦場にいました。

わたくしの通った学校は農村の子どもがほとんどで、そうでないわたくしは異分子でした。そのうち疎開してくる子どもがふえ、そういう都会出身の疎開児童と結託することで、農村の子どもたちからのいじめをいっしょに防いでいました。

ところが予想しなかったことに、疎開児童のなかにいじめっ子があらわれたのです。彼は腕っぷしが強いだけでなく、唯一の上級生でした。年功序列で当時の「大日本少年団」の分団長となり、小権力を先生たちから正式に授けられたのでした。

　わたくしは年下の子がいじめられるのを見ているしかないことも何度かありました。わたくしのその罪の意識を、わたくし自身がより激しいいじめを受けることで償おうとしていました。わたくしが生き延びられた一つの理由は、いじめっ子の暴君の宿題をやってやったことでした。とても屈辱的なことでしたが、当時のわたくしには暴君からの恩恵でした。

もう一つの理由は、今ふり返って思えば、わたくしがまわりの誰にも暴力をふるったことがなかったことです。それはかろうじてわたくしの誇りを保ちました。わたくしは「文弱」をいっそう強調して、暴力をふるわないのでなく、ふるえないことにしていました。そのことでわたくしへの暴力は増えたかもしれませんが、それに耐えるほうが楽でした。もっとも、自分がいじめられている時、他人がいじめられているように感じ、いじめられている自分を他人事のように外から眺めるという能力を獲得(かくとく)していたからできたことかもしれません。そういう能力は、激しい暴力にさらされたりした時、自分を守るための一つの手段として人間が身につけるものです。

最後にもっとも重要ではないかと今は思いますが、やはりいじめられていた一年下の生徒との一種のペア感覚があったことです。彼とはあまり深い話をする機会はありませんでしたが、同じ世界を耐えている感覚があって、戦後になり、別々の中学校にあがってから、彼もそういう感覚だったことを明かす手紙をもらったことを覚えています。
戦争が終わり、いじめも終わりました。いじめっ子の小権力者は、社会が変わると別人のように卑屈(ひくつ)な人間になりました。

このような文を書くと、対策はどうなのだという質問がさっそくでてきそうです。わたくしは現段階では、心の傷がもたらすさまざまな症状の研究者であるハーマンの言葉を引いて、まずいじめられている子どもの安全の確保であり、孤立感の解消であり、二度と孤立させないという大人の責任ある保障の言葉であり、その実行であるとだけ述べておきます。

大人に対する不信感はあって当然です。安全が確保されないのに根掘り葉掘り事情を聞きだすことはやめたほうがいいでしょう。同時に被害者がどんな人間であろうと、いじめは悪であり立派な犯罪であり、自分は一人の人間として被害者の立場に立つことをはっきり言う必要があります。

いじめのワナのような構造の、君は犠牲者であるということを話して聞かせ、その子のかかえている罪悪感や卑小感や劣等感を軽くしてゆくことが最初の目標でしょう。道徳的な劣等感は不思議なことにいじめられっ子が持ち、いじめっ子のほうは持たないものです。

これ以上の対策をあれこれあげることは、実行もせずに絵空事を描くことになり、かえって罪なことになります。その場に即して有効な手立てを考え出し、実行する以外にない世界です。わたくしのように初老期までいじめの影響に苦しむ人間をこれ以上つくらないよう、各方面の努力を祈ります。

ひょっとすると、この文章は、いじめられっ子に、他の誰よりもよく理解してもらえるのではないかという気がします。あえてわたくしごとを記しました。

書いたことのほとんどがわたくし自身の体験したことですが、いじめられ体験というのは言葉にとてもしにくいものです。それを言葉にするうえで、先ほど触(ふ)れた阪神・淡路大震災後の勉強のために翻訳(ほんやく)したジュディス・ルイス・ハーマンの『心的外傷と回復』（みすず書房、１９９６年）が大きな触媒(しょくばい)となりました。記して感謝します。その他、ナチス時代の強制収容所の体験書のいくつかがもっともいじめ状況を描く参考になりました。
この文章を読んでくれたきみに、「ありがとう」を言います。

いわさきちひろ
『海辺を走る少女と小犬』1973年

構成・編集者によるあとがき

——ふじもり　たけし

この本の著者である中井久夫さんは、日本を代表する精神科医で、一大山脈にたとえられる豊かな業績と深い思索を紡いできた方です。そして何より患者にとって、えがたい医師ではないかと思います。病室の扉をあけるとき、まずそっと顔だけのぞかせて誰にもぶつからないことを確認してからあける。そんな習慣に患者さんから「亀」というあだ名をいただいたというエピソードが私は好きです。大きな業績と社会的地位にもかかわらず、ありがちな学派をつくらず、多くの精神科医からのリスペクトのなか飄々と生きてこられた方でもあります。

教育畑にいる私は幾年か前、そうしたことを何も知らず、中井さんの論文「いじめの政治学」を手にとりました。そう、この本のもとになった論文です。「その論文を読むか読まないかでは、いじめへの対応がぜんぜん違ってくると思う」――深刻ないじめから子どもたちを長年守ってきた専門家で、年長の友人である方の言葉にひかれてのことでした。読後、私は彼女に同意しました。

その根拠は、そこに理をもって描かれる「いじめ」が、実際にいじめ抜かれ、追いつめられていく人間が味わう「いじめ」

と驚くほどの精度をもって近似している点にあります。中井さんは、いじめを人間奴隷化のプロセスととらえ、それが「孤立化」「無力化」「透明化」という巧妙で息の詰まるような三つの段階をへて完成していくことを記しました。むごたらしい描写があるわけではないのに、手に汗がにじんでくるのは的を射ているからでしょう。それが語られるとき、水をうったような静けさがうまれます。いじめ自死事件についてのすぐれた報告書として知られる大津市の第三者調査委員会調査報告書は、「少年は『透明化』の段階に達していた」と中井さんの三段階論を援用しています。

むろん三段階論は現実を裁断するドグマではなく、その通りでないケースもあるでしょう。たとえば当時なかったSNSを使ういじめは、暴力をともないません。しかし、24時間どこにいても行われる悪口や監視、仲間はずれは、「孤立化」「無力化」そのものですし、被害者の「出口なし」感（64ページ）は時に極限に達します。深刻なケースから導き出され、その再現に成功したといえる論理は、深刻ないじめに立ち向かう際のまたとないガイドといえそうです。そして私たち大人にとって切実なのは、深刻ないじめから子どもの命を守ることです。

その後私はいじめについての本を書き、多くを教えられた中井さんに不躾ながら拙著をお送りしました。しばらくして中井さんから葉書がとどき、そこに「私の論文を子どもが読めるようにしたい」と綴られていました。何も知らない者の勢いで私は「がんばります」とお答えしました。このやりとりから、この本はうまれました。

中井さんは「僕の文章は難しい」と謙遜されます（本当はそうでもないのですが）。ただ、ある程度の知識を前提として書かれる論文は、子どもが読み下すにはむずかしいところがあります。そのため「子ども向け訳」に際して若干のお手伝いをしました。読書好きの小学校高学年なら読めるようにと心がけました。補足と取捨選択がいかになされたかは、「原文」と照らし合わせていただければ幸いです。「原文」にある格調とリズムが損なわれていないことを祈ります。

本書は、子どもたち、特にいじめられている子どもたちに読まれることを願って企画されました。「いじめ」は人間から穏やかな心、冷静に考えるゆとりを奪います。ともにいてくれる仲間か大人がいればいいですが、そんな場合ばかりではありません。その時に、自分になされているひどいことが、どのようにひどいことなのかを知ることは、自らの最後の尊厳を失わず、いつか守られる時まで生き延びる支えの一つになると思うのです。中井さんは「いじめのワナのような構造の、君は犠牲者であるということを話して聞かせ、その子のかかえている罪悪感や卑小感や劣等感を軽くしてゆくこと」（78ページ）を、いじめへの対策として重視されていますが、本書はその役割を担うものと言えます。

かつて中井さんがいじめの相談にのったときのこと。相談者である父親はやがて、中井さんの「いじめの政治学」を噛み砕いてわが子に説明されたそうです。いじめられている側に何の問題もないことを、いかにいじめは巧妙に人間を追い込むものかを、とにかくわが子に伝える。この父親の智慧が本書の源流にちがいありません。ここに記して感謝いたします。

そして、本書は子どもの周りにいる親や教師をはじめとする専門家、子どもにかかわる行政で働いている方々にぜひ読んでいただきたい本です。その理由は、冒頭述べた「読むか読まないかでは……」に尽くされています。

じつは「いじめの政治学」以前に、私は本のうえで中井さんと出会っていました。中井久夫訳『心的外傷と回復』（ジュディス・ルイス・ハーマン）です。しかし、ハーマンの名に気をとられ訳者の名を記憶に留めなかったのです。しかも、「いじめの政治学」はハーマンのこの本を手がかりに書かれたにもかかわらずです。不注意者は穴埋めをしなければなりません。

ハーマンはアメリカの精神科医で、ヒステリー症状や性格異常と分類されていた症状について、別の深い見方を提示した研究者です。「トラウマ」（心的外傷）による複雑性「ＰＴＳＤ」

（心的外傷後ストレス障害）という見方です。その後、トラウマもＰＴＳＤもドラマで使われるほど知られる言葉になりました。人間は監禁、虐待、レイプなど極度の恐怖に長期間さらされた場合、心に複雑で深い傷をうけ、その傷はときに数年後、数十年後にフラッシュバックしてその人にさまざまな障害をもたらす——そう考えると、これまでその人の人格上の欠陥とみられてきたことが過去の事件によるものだと明かされ、治療の別の道筋が見えてきます。ハーマンの本は被害者が加害者に侵入され、破壊され、支配されるプロセスを、多くのケースで明らかにしました。

神戸大学にいらした中井さんは阪神・淡路大震災（１９９５

年）に際し、被災された方々の心のケアにあたります。震災の一年後、被災者のＰＴＳＤが目立ち始めたとき、その理解の役に立てばとハーマンの翻訳にかかります。そして翻訳の途中で、いじめも同じ性質をもつことにはっと気がつかれるのです。極度の恐怖としてのいじめられ体験をもつ中井さんにとってつらく、かつ真実にせまる発見だったと推察します。

翻訳された『心的外傷と回復』は、教育界でも注目されました（だから私も手にとったわけです）。１９９０年代あたりから、ちょっとしたことにキレて手がつけられなくなるなど、子どもの攻撃性が目立つようになります。こらえ性がないといった居酒屋談義ではらちがあかず、規律重視の対応では事態は悪化するばかりです。これに対して、その子がなぜそうするのかを理解しようという試みがおき、じつはその子どもは学校や家庭でひどく傷つけられていることを発見していきます。その深刻なケースは、ハーマンの描く極度の恐怖と同じなのです。そしてハーマンの治療の枠組みは、そうした子どもの状態の改善にとっても有用であることが明らかになっていきます。

ところで極度の恐怖がつくられる社会的事象の典型は戦争ですが、学校が戦場化しているとみれば、多くの子どもの症状の説明がつきます。根本的な治療は、学校を平和な場所にすることではないかと思います。

わが国のいじめ研究は、社会学的アプローチによく光があてられます。いじめ問題の代表的な研究者である森田洋司氏の「いじめの4層構造論（加害者、被害者、観衆、傍観者）」などです。観衆がはやし立てなくなる、傍観者がいじめを止めるために立ち上がるという実践的課題もみえてきます。人間関係のなかで起きるいじめは、社会現象を扱う社会学の手法が有効な分野といえます。同時に、いじめを個人・内面のレベルから解き明かそうとする方向があります。教育臨床学や生活指導研究などの中でいじめられた子をどう守るか、いじめる子をどう受けとめて更生するかが探究されてきました。子ども理解の試みであり、そこから前述のハーマンへの注目もうまれました。

中井さんのいじめ論はどちらかといえば後者の系譜に属し、いじめ被害の深みを精神医学によって掘り下げた点に比類のない意義があります。被害者やその親、あるいは支援者が感じ、告発してきたいじめ被害の深みに、普遍的な枠組みを提供したと言えばいいでしょうか。患者を理解し、治癒させようとする医学らしい貢献と言えます。

後日、中井さんの専門である統合失調症についての著書を読ませていただいたとき、発症と寛解のプロセスについてのダイナミックな構想と、本書のいじめ論の構想とに通じ合うものを感じたことを申し添えます。その土台には卓越した人間理解があり、本書でも随所に顔を出しています。

いじめが監禁や虐待とかわることのない人間破壊のプロセスであるという理解は、「いじめはやむをえない通過儀礼」「いじめに負けない人間にならないと社会に出てから困る」といった体験論的ないじめ論をのりこえる力があります。

目の前で起きていることが通過儀礼ではすまされない、人間破壊のプロセスであるならば、その対策は掛け値なしでなされなければならないでしょう。深刻化したいじめほど見えにくいことを承認すれば、心の目を見開くことに思いいたる人がふえるでしょう。いじめ認識の深度は、いじめ対策の深さを規定します。「いじめはいけない」というスローガンの連呼はあまりに無力です。

いじめの対策について、中井さんは注意深く、具体策をこと細かくあげることを避けました。しかし、「いじめられている子どもの安全の確保（77ページ）」から始まる最小限の言葉には、簡にして要を得る見事さがあります。ところでハーマンは『心的外傷と回復』で分析に近い分量を治療論にさいていますが、それはハーマンがＰＴＳＤを専門とする治療者だったからであり、中井さんはそうではありません。そのうえで、ハーマンの治療論の核心部分を意識しつつ、いじめに即して述べたことは臨床家としての最良の判断だと考えます。

日本の内外で、子ども、教職員、カウンセラー、保護者などによるいじめ解決のとりくみの積み重ねのなかから、より有効な対策の基本方向がくみとられていくことが大切ではないかと考える次第です。

なお中井さんは本書の中で、いじめのＳＯＳがキャッチされる確率の低さを「太平洋の真ん中の漂流者」になぞらえて指摘しています。繰り返される大人たちの見過ごしへの箴言です。それでも私は子どもたちにＳＯＳをだすことを呼びかけたいと思います。ＳＯＳをキャッチする精度をあげる努力をしている心ある大人は、ぐるりまわりのどこかにいます。あなたを絶望させずに安全を守りきる頼れる専門家も必ずいます（その人を見つけるのはＳＯＳをキャッチした大人たちの仕事です）。

本書がいじめのある世界に生きる子どもたち、そしていじめにむきあう大人たちの手助けに少しでもなりますように。
　中央公論新社の川口由貴さんには、構成・編集にあたり貴重なアドバイスをいただき、作業の遅いわたしを助けていただきました。同社の三木哲男さんは出版を快く引き受けてくださいました。公益財団法人いわさきちひろ記念事業団にはちひろさんの絵の使用許可をいただきました。絵を選ぶうちに、ちひろさんのつよさを私なりに発見できました。そして中井久夫さんの秘書の方には的確なサポートで助けていただきました。ここに記して、各位への謝意を表します。

２０１６年11月１日

本書は『アリアドネからの糸』(みすず書房、1997年)所収の「いじめの政治学」にもとづく作品です。

構成・編集◎ふじもり　たけし
装幀◎山下英樹（ディクショナリー）
本文ＤＴＰ◎今井明子

中井久夫（なかい・ひさお）

1934年奈良県生まれ。精神科医。京都大学医学部卒。神戸大学名誉教授、甲南大学名誉教授。1985年芸術療法学会賞、1989年読売文学賞『カヴァフィス全詩集』（翻訳研究賞）、1991年ギリシャ国文学翻訳賞、1996年毎日出版文化賞『家族の深淵』など。『「昭和」を送る』『統合失調症の有為転変』『戦争と平和　ある観察』ほか著書多数。2013年文化功労者（評論・翻訳）。

いじめのある世界に生きる君たちへ
――いじめられっ子だった精神科医の贈る言葉

2016年12月10日　初版発行
2017年12月25日　5版発行

著　者　中井久夫
発行者　大橋善光
発行所　中央公論新社
〒100-8152　東京都千代田区大手町1-7-1
電話　販売 03-5299-1730　編集 03-5299-1870
URL　http://www.chuko.co.jp/

印　刷　三晃印刷
製　本　小泉製本

Published by CHUOKORON-SHINSHA, INC.
Printed in Japan　ISBN978-4-12-004921-7　C0095